Ant. TERRISSE

...s Droits des Poilus

et de leurs familles

Les PÉCULES ; Complément et Majorations
L'INDEMNITÉ DE DÉMOBILISATION
Les LOYERS et BAUX — Les IMPOTS
La REPRISE DU TRAVAIL

LIVRET-GUIDE

AURILLAC
IMP. ANTONIN TERRISSE
22, av. de la République

Prix : 0 fr. 75

Ant. TERRISSE

Les Droits des Poilus

et de leurs familles

Les PÉCULES ; Complément et Majorations
L'INDEMNITÉ DE DÉMOBILISATION
Les LOYERS et BAUX — Les IMPOTS
La REPRISE DU TRAVAIL

LIVRET-GUIDE

AURILLAC
IMP. ANTONIN TERRISSE
22, av. de la République

Prix : 0 fr. 75

Avant-Propos

LES DROITS DES POILUS ET DE LEURS FAMILLES ?

Combien d'intéressés les ignorent par suite de la complexité des dispositions législatives ou administratives qui les ont fixés ! Combien d'autres sont dans le plus grand embarras pour les exercer ou les faire valoir faute d'indications claires et précises !

Le but de cette modeste brochure a été précisément de mettre à la portée de tous ce qu'il ne leur est pas permis d'ignorer pour la revendication légitime de ces droits. Puisse-t-elle le remplir utilement.

A. T.

N. B. — On trouvera aux Bureaux de notre imprimerie tous imprimés nécessaires aux Pécules, Indemnités de démobilisation et ce aux meilleures conditions.

Les Pécules des Mobilisés

DÉFINITIONS

1. Qu'entend-on par pécule ?

Le pécule a été institué par la loi du 31 mars 1917 parue au *Journal Officiel* du 1er avril (p. 2558).

C'est le montant des sommes produites sur la retenue faite : 1° de la moitié de la haute paye de guerre ; 2° des deux tiers de l'indemnité de combat, attribuée aux officiers subalternes, aux sous-officiers, caporaux et soldats engagés directement dans le combat ou se trouvant dans la zone délimitée par le commandement. — En ce qui concerne les officiers, l'indemnité de combat n'est attribuée que jusqu'au grade de capitaine inclus et depuis le 1er janvier 1918.

Ces sommes sont inscrites sur un livret spécial appelé *Carnet de pécule.*

2. Qu'est-ce que le complément de pécule ?

La loi du 9 avril 1918 complétée par la loi du 29 décembre de la même année a fixé à 1.000 francs au minimum le montant du carnet de pécule qui devra revenir aux familles des militaires (officiers subalternes, sous-officiers, caporaux et soldats) décédés dans les conditions indiquées plus loin (voir page 6).

Le complément de pécule est la différence entre le montant total du ou des carnets de pécule du militaire décédé et la somme de 1.000 francs attribuée à la famille.

3. Qu'entend-on par la majoration ?

Les militaires ayant droit au pécule bénéficient, aux termes de la loi du 9 avril 1918, d'une majoration de 20 o/o de la somme totale inscrite aux carnets de pécule pour chaque enfant de moins de 16 ans légalement à leur charge lors de leur libération (ou à la date de cessation des hostilités pour les militaires maintenus sous les drapeaux après cette date).

La même majoration est acquise aux parents ou ayants droit d'un militaire décédé dans les conditions sus-indiquées.

PÉCULES ET MAJORATIONS DES MILITAIRES LIBÉRÉS

Paiement du pécule

Les pécules sont payables en principe aux titulaires eux-mêmes lors de leur retour définitif dans leurs foyers, c'est-à-dire soit à la démobilisation de la classe à laquelle ils appartiennent soit au moment de leur mise en congé illimité, soit au moment de leur mise en réforme définitive.

En cas de réforme temporaire, le militaire conserve par devers lui son carnet de pécule, mais sans pouvoir en toucher le montant.

Les pécules des militaires restant sous les drapeaux après la libération de leur classe sont payables à partir de la date fixée par décret, pour la cessation des hostilités, si leur classe a été démobilisée ou renvoyée dans ses foyers avant cette date ; — à partir de la date de renvoi de leur classe, dans le cas contraire.

*
* *

Les pécules sont payables en principe à la caisse du percepteur de la réunion dont fait partie la commune dans laquelle le militaire libéré a déclaré avoir son domicile légal ou vouloir se retirer.

Dans les localités où fonctionne un bureau militaire opérant pour le compte du percepteur les pécules sont payés par ledit bureau.

Toutefois, les carnets remplaçant les carnets de pécule perdus ne peuvent être payés que par le percepteur.

Paiement des majorations

Pour obtenir le payement des majorations, les intéressés adressent au maire de la commune de leur domicile une demande indiquant :

1° Leurs nom, prénoms, domicile, résidence, grade et dernier corps d'affectation ;

2° Le dépôt démobilisateur qui a procédé à la démobilisation, s'il y a lieu ;

3° Les nom, prénoms, date et lieu de

naissance de chacun des enfants de moins de 16 ans qui étaient légalement à leur charge à la date de leur libération ;

4° Le montant total du ou des carnets de pécule dont ils étaient titulaires et, s'ils en ont obtenu le remboursement, la date de ce remboursement, la date de ce remboursement, ainsi que la caisse qui l'a effectué ;

5° La commune dans laquelle ils désirent percevoir leurs majorations (commune de domicile ou de résidence) ;

6° Toutes indications complémentaires utiles.

Le bénéficiaire n'a plus qu'à attendre l'ordre de payement Modèle B[1] qui lui sera expédié sous pli chargé avec accusé de réception par les soins de son dernier corps d'affectation.

Cet ordre de payement n est payable à la caisse du percepteur qu'après un délai de dix jours à compter de la date de son envoi et il ne peut plus être perçu *trois mois* après cette date. Ce délai expiré, il est annulé et il faut en faire établir un nouveau pour toucher.

Le montant des majorations est intégralement versé en espèces.

LE PÉCULE AUX FAMILLES DES COMBATTANTS MORTS POUR LA FRANCE

Droits des familles

La mort d'un militaire ouvre droit pour sa famille au paiement de ses carnets de pécule s'ils n'ont pas été soldés, et quelles que soient les circonstances du décès

Mais la famille n'a droit au complément de pécule (voir Définitions) :

a) Que s'il s'agit d'un militaire auquel la loi reconnaît le droit au pécule (officier subalterne, sous-officier, caporal ou soldat).

b) Qu'en outre si ce militaire est décédé dans une des circonstances suivantes :

1° Soit pendant le combat :

2° Soit de blessures reçues au cours du combat ;

3° Soit de maladies contractées pendant qu'il percevait l'indemnité de combat ou bien (l'indemnité de combat n'ayant été créée que le 1er avril 1917) alors qu'il se trouvait dans les conditions de la toucher, si elle avait existé.

Le complément de pécule ne saurait donc être attribué aux familles des militaires tués même du fait de l'ennemi, s'ils ne percevaient pas l'indemnité de combat

Le soin de déterminer la cause du décès incombe au Conseil d'administration du corps auquel appartenait le défunt au moment de son décès sur le champ de bataille, dans une formation sanitaire ou même dans ses foyers. Le Conseil décide s'il y a lieu d'accorder ou non le complément de pécule.

Appel de cette décision peut être fait par la famille du défunt auprès du général commandant la région qui statue définitivement.

Règles générales d'attributions

Le pécule ne fait pas partie du patrimoine du militaire, qui ne peut pas en disposer par testament.

Il ne peut être attribué qu'aux personnes ci-après et dans l'ordre suivant :

1° A la veuve du militaire ;

2° A défaut de veuve, par parts égales, aux enfants vivants ou représentés du dit militaire ;

3° A défaut de veuve ou de descendants, aux ascendants vivants du degré le plus proche, c'est-à-dire par parts égales au père et a la mère, s'ils sont tous deux vivants, ou au dernier vivant dans le cas contraire.

S'il n'y a ni père, ni mère, ou s'ils sont déchus de leur droit au pécule, par parts égales aux grands-pères et grand'mères vivants et non déchus de leurs droits au pécule, quelle que soit la ligne.

Lorsqu'un enfant a été légalement reconnu, ses ascendants naturels sont traités en tous points comme des ascendants légitimes.

S'il n'existe pas d'ayants droit, toute personne, même étrangère à la famille qui se serait comportee à l'égard du défunt comme une épouse, un enfant ou un ascendant, peut demander au tribunal de première instance que le pécule lui soit dévolu.

Exceptions en ce qui concerne les veuves

a) *Veuve non remariée.* — Si le décédé laisse à la date de sa mort des enfants mineurs (même âgés de plus de 16 ans), soit d'un autre lit, soit naturels reconnus, le pécule est partagé entre eux et la veuve à raison d une part à cette dernière et d'une part à chacun des enfants mineurs

b) *Veuve remariée.* — Divers cas sont à envisager :

1° Le décédé laisse des enfants, qu'ils soient ou non d'un autre lit, légitimes ou naturels reconnus:

Le pécule est attribué moitié à la veuve moitié à répartir par parts égales entre chacun des enfants susvisés qu'ils soient majeurs ou mineurs.

2° Il n y a pas d'enfant du décédé :

Le pécule est attribué : moitié à la veuve,

moitié à répartir par parts égales entre les ascendants du degré le plus proche.

3° Il n'y a ni enfant, ni ascendant du décédé :

La totalité du pécule est attribuée à la veuve.

4° La veuve remariée est redevenue veuve ou son nouveau mariage est dissous par le divorce ; il lui est néanmoins fait application des règles prévues ci-dessus pour une veuve remariée.

Déchéance des attributaires légaux

La veuve peut être déchue de ses droits au pécule, soit à la suite d'un jugement, soit par l'effet d'une séparation de corps prononcée aux torts de la veuve ; dans ce cas le complément de pécule est réparti par parts égales entre chacun des enfants du décédé vivants, majeurs ou mineurs, légitimes ou naturels reconnus.

En outre, le procureur de la République et tout parent du militaire décédé jusqu au 4e degré exclusivement peut présenter au tribunal de première instance une requête tendant à la déchéance des attributaires légaux qui seraient indignes de recevoir le pécule.

La requête est dispensée d'un ministère d'avoué.

Tous les actes de procédure sont dispensés des droits de timbre et d'enregistrement.

Lorsque des attributaires légaux ont été déclarés indignes, le pécule revient aux ayants droit dans l'ordre indiqué aux « Règles générales d'attribution ».

Comment obtenir le payement

Pour obtenir le payement du complément et des majorations, les intéressés établissent une demande indiquant :

1° Les nom, prénoms, grade et corps d'affectation du militaire à la date du décès, ainsi que le domicile et la dernière résidence du défunt, ou, s'il s'agit d'un militaire de carrière, sa résidence au 2 août 1914 ;

2° Leurs nom prénoms, domicile et résidence ;

3° Leur degré de parenté avec le décédé ;

4° Leur situation actuelle de famille (pour la veuve) ;

5° Les nom, prénoms, date et lieu de naissance de chacun des enfants du décédé, en distinguant :

a) Ceux issus du dernier mariage du défunt ;
b) Ceux issus d'autres lits ;
c) Les enfants naturels reconnus ;
et en indiquant ceux d'entre eux qui, âgés de moins de seize ans à la date du décès du militaire étaient légalement à la charge du défunt ;

6° Le cas échéant, le montant total du ou des carnets de pécule dont le militaire était titulaire. Si le remboursement de ces carnets a été effectué, ils mentionnent la date de ce remboursement, la caisse qui l a opéré et le nom des bénéficiaires ;

7° La commune dans laquelle ils désirent percevoir la part du pécule leur revenant (commune du domicile ou de la résidence) ;

8° Toutes indications complémentaires qu ils jugeront utiles.

Une demande est, en principe, établie par chacun des ayants droit.

Toutefois, les ascendants conjoints ayant droit à tout ou partie du pécule, peuvent établir leur demande en commun.

De même le tuteur d'enfants mineurs qui ont droit à tout ou partie du pécule, peut, agissant au nom de ces derniers, établir une seule demande pour l'ensemble de ces enfants.

Les demandes doivent être adressées au maire de la résidence ou du domicile des ayants-droit.

Comment est effectué le paiement

Le payement du complément de pécule et des majorations est effectué par le percepteur sur la production d'un ordre de paiement modèle B et dans les mêmes conditions que le payement du pécule des militaires libérés (voir page 5).

A) *Complément de pécule.* — Si le montant total des carnets de pécule d'un même militaire est égal ou supérieur à 1.000 francs, les ayants-droit le perçoivent intégralement, mais ne reçoivent aucune somme complémentaire.

S'il est inférieur à 1.000 francs, ils perçoivent le complément destiné à porter le pécule à ce chiffre.

B) *Majorations* — Si le montant total des carnets de pécule est égal ou supérieur à 1.000 francs, la majoration de 20 p.100 est calculée sur ce montant total.

Le payement de la somme de 1.000 francs ou du complément est effectué :

a) En espèces : pour la somme de 250 francs, si le décédé n'était pas titulaire d'un carnet de pécule, ou pour la différence entre cette somme de 250 fr. et le montant total des carnets de pécule lorsque ce montant est inférieur à 250 francs ;

b) En bons de la Défense nationale à un an pour le reliquat.

Si le montant total des carnets de pécule est égal ou supérieur à 250 francs, le complément est réglé en totalité en bons de la Défense nationale à un an.

Les majorations sont payées, comme le pécule, à raison de un quart en espèces et trois quarts en bons de la Défense nationale à un an.

LE PÉCULE DES DISPARUS ET DES DÉCÉDÉS NON COMBATTANTS

Jusqu'à présent, les familles des disparus ou des militaires décédés n'étant pas considérés comme *combattants* sont exclues du bénéfice au complément de pécule. (Des propositions ont été déposées cependant à la Chambre pour modifier cet état de choses.)

Mais ces familles ont droit au remboursement des carnets de pécule et, s'il y a lieu, au payement des majorations.

Les ayants droit sont les mêmes que les ayants droit aux pécules et majorations des combattants morts pour la France. (Voir ce chapitre : § « Règles générales d'attributions ».

Ils ont à produire la même demande.

Le paiement est effectué par le percepteur du lieu de domicile dans les conditions déjà indiquées pour les paiements de même nature.

Il est toujours, pour cette catégorie d'ayants droit, effectué *totalement en espèces,* sous réserve cependant que si le montant total des carnets est supérieur à 250 francs, les bénéficiaires sont tenus de produire un certificat délivré par le commandant du dépôt du dernier corps d'affectation du militaire, attestant que ce militaire est décédé étant dans une situation où il ne percevait pas l'indemnité de combat (ou qu un acte de disparition régulier a été dressé, s il s'agit d'un disparu).

L'Indemnité de Démobilisation

L'indemnité de démobilisation comprend une indemnité fixe et des primes supplémentaires.

A. — Indemnité fixe

Elle est de 250 francs.

Elle est due à tout mobilisé au titre français servant ou ayant servi effectivement, jusqu'au grade de capitaine inclus, pendant au moins trois mois, entre le 2 août 1914 et la date de la signature de la paix.

REMARQUES : I. — D'une façon générale est compté comme service effectif le temps pendant lequel le militaire avait droit à une solde, à des indemnités de déplacement ou de mission ou se trouvait dans une position qui aux termes des règlements en vigueur, à la date du 22 mars 1919, aurait ouvert le droit à des allocations de cette nature.

II. — Les retraités ou réformés pour blessures reçues ou maladies contractées ou aggravées aux armées ont droit à cette indemnité quelle que soit la durée de leur service effectif.

B. — Primes supplémentaires

L'indemnité de 250 francs est augmentée d'une prime de 15 francs par mois de service effectif entre le 2 août 1914 et le jour du renvoi dans les foyers en plus du temps légal dû par la classe de recrutement de l'intéressé.

Cette prime est portée à 20 francs par mois de présence dans une unité combattante.

Remarques : I. — La condition « par mois de service en plus du temps légal dû par la classe de recrutement de l'intéressé » a donné lieu à des interprétations erronées

Il ressort des débats parlementaires que les exemptés, les réformés, les dispensés et ajournés et les auxiliaires des classes qui, au 2 août 1914, n'étaient plus tenus à servir effectivement dans l'armée active, ont droit à toutes les primes mensuelles depuis leur incorporation.

II. — Pour les prisonniers de guerre, le taux a été fixé uniformément à 15 francs en raison du rappel de solde dont ils bénéficient.

III. — Pour la période postérieure au 11 novembre 1918, la prime de 20 francs ne sera due que pour les mois au cours desquels le militaire aura perçu l'indemnité de combat.

IV. — La prime supplémentaire n'est due en aucun cas aux militaires qui n'ont pas droit à l'indemnité fixe.

C. — Cas exceptionnels

Cumul de solde et de traitement. — N'auront pas droit aux primes mensuelles les mobilisés de quelque nature qu'ils soient pour les périodes pendant lesquelles ils auront cumulé leur solde avec tout ou partie d'une pension ou d'un traitement, lorsque le cumul du traitement ou de la pension et de la solde aura dépassé 5.000 francs par an avec une majoration de 1.000 francs par enfant de moins de seize ans.

Mobilisés en usine, sursitaires et détachés sans solde. — Ceux qui, ayant droit à l'indemnité fixe, toucheront ou auront touché une indemnité de congédiement, ne pourront la cumuler avec l'indemnité fixe de 250 francs, sinon jusqu'à concurrence de cette somme.

Ils n'auront droit aux primes mensuelles que s'ils ont accompli au moins dix huit mois de service effectif. Le montant des primes mensuelles sera en tout cas défalqué jusqu'à une concurrence du montant de l'indemnité de congédiement excédant 250 francs.

Hommes appelés avant leur classe. — Les hommes appelés sous les drapeaux avant que leur classe y ait été régulièrement appelée, toucheront 20 francs par mois pendant les mois passés aux armées antérieurement à l'appel de leur classe.

Engagés volontaires avant le 2 août 1914 et rengagés. — Ont droit à l'indemnité fixe et aux primes correspondantes à la période comprise entre le jour exclu de l'expiration de leur contrat et le jour inclus de leur renvoi dans leurs foyers.

Pour les militaires contractant un rengagement, les primes ne seront dues que jusqu'au jour exclu où compte le rengagement.

Engagés volontaires postérieurement au 2 août 1914. — Ont droit aux primes mensuelles du jour de leur engagement si à cette date, ils n'étaient plus tenus de servir effectivement dans l'armée active

Officiers de complément. — Les primes supplémentaires sont dues aux officiers de complément à partir du jour où ils ont été rayés des contrôles de l'armée active, ou à compter de leur entrée en solde à leur mobilisation s'ils sont passés dans les cadres de complément antérieurement a cette date.

En cas de promotion au grade d'officier supérieur, même a titre temporaire, le droit aux primes mensuelles cesse au jour exclu de cette nomination.

D. — Le paiement de l'indemnité

A. — DÉMOBILISÉS

1° En principe, les militaires démobilisés avant la publication du décret du 27 mars 1919 n'ayant pas établi de déclaration lors de leur passage au dépôt démobilisateur, qui désirent obtenir le paiement de l'indemnité fixe de démobilisation et des primes supplémentaires, doivent adresser leur *déclaration*, sur imprimé spécial, au commandant de leur dépôt d'affectation par *l'intermédiaire du maire de leur résidence*.

Des imprimés pour ces déclarations seront à la disposition des intéressés dans les mairies.

B. — DÉMOBILISABLES

Les militaires en instance de démobilisation établiront leur *déclaration* lors de leur passage au *dépôt démobilisateur*.

*

Le paiement se fait, en principe, dans les mêmes conditions pour les démobilisés et les démobilisables, sur présentation des ordres ou titres de paiement qui leur sont envoyés par leur corps d'affectation.

1° L'indemnité fixe est payable en totalité et en espèces dès le retour des bénéficiaires dans leurs foyers ou à partir du 22 mars 1919, pour les militaires libérés antérieurement.

2° Les primes supplémentaires sont payables mensuellement par fractions successives de 100 fr., la dernière mensualité pouvant être inférieure à 100 francs.

Le premier versement échoit un mois après la date de radiation des contrôles ou à partir du 22 avril 1919 si les bénéficiaires ont été libérés antérieurement

Les autres versements sont à l'échéance d'un

mois après la date fixée pour le versement précédent.

Lorsque l'intéressé accepte le paiement en bons de la Défense Nationale à un an des primes supplémentaires qui lui restent dues à une date quelconque, il reçoit intégralement et de suite la totalité des sommes lui revenant contre échange du titre de paiement et des bons provisoires.

Les ordres de paiement et bons provisoires sont payés par les soins du percepteur de la commune, soit du domicile, soit de la résidence du bénéficiaire.

Dans les localités où fonctionne un bureau militaire, opérant pour le compte du service des finances, ils sont payés par ledit bureau.

Toutefois, le paiement immédiat en Bons de la Défense nationale à un an ne peut être effectué que par le percepteur.

E. — Dispositions diverses

I. — Tout mobilisé aura le droit de renoncer à l'indemnité fixe et aux primes mensuelles et avertira, à cet effet, le maire de la commune, qui en tiendra registre public et fera connaître la renonciation au dépôt de l'intéressé.

Il sera autorisé, dans ce cas, à déléguer un tiers des sommes qui lui seraient revenues à une œuvre de bienfaisance approuvée par l'Etat ou le département.

II. — En cas de décès d'un militaire démobilisé, c'est-à-dire d'un militaire rayé des contrôles de son corps d'affectation, les sommes lui revenant sont acquises à ses ayants droit déterminés conformément au droit commun.

Ces ayants droit reçoivent les dites sommes par les soins des agents des finances, sur production des ordres de paiement à titre de paiement et bons provisoires et des pièces justificatives nécessaires.

Les Droits des Mobilisés en matière de location

1° En ce qui concerne le payement des loyers

Tout mobilisé qui rentre dans la catégorie des petits locataires, définie par l'article 15 de la loi du 9 mars 1918 et déterminée par le taux du loyer et le chiffre de la population de la commune où il demeure, est exonéré de plein droit du payement des sommes qu'il pourrait devoir à son propriétaire pour la durée des hostilités et les six mois suivants.

S'il ne rentre pas dans cette catégorie, il pourra obtenir des réductions sur le prix de son loyer, et même, exceptionnellement, une exonération totale.

Au cas où il pourrait totalement ou partiellement payer ses termes échus, des délais pourront lui être accordés, pour lui faciliter ce payement.

2° En ce qui concerne la prolongation du bail ou de la location verbale

Le mobilisé qui est titulaire d'un bail commercial, industriel ou professionnel, a droit à cette prolongation pour une durée égale à la période comprise entre le décret de mobilisation et le décret fixant la cessation des hostilités.

S'il est titulaire d'un bail pour des locaux d'habitation, ou s'il a loué sans bail, il a droit à une prolongation de *deux années.*

S'il rentre dans la catégorie des petits locataires et s'il est resté plus de deux ans sous les drapeaux, la prolongation sera égale à la durée de sa mobilisation.

Dans tous ces cas, il doit faire connaître sa volonté à son propriétaire, au plus tard dans les trois mois qui suivront le décret fixant la date de la cessation des hostilités, sinon il perdra son droit à cette prolongation.

Si, au contraire il désire obtenir la résiliation de son bail, parce que la guerre a modifié sa situation, il doit formuler cette demande dans les trois mois suivant le décret de cessation des hostilités.

3° Par qui sont tranchées ces diverses questions ?

Par les Commissions arbitrales et le locataire peut être appelé à comparaître devant elles qu'à l'expiration d'un délai de six mois à compter du jour où il aura été démobilisé.

Les Impôts des Mobilisés

Contribution personnelle-mobilière

Remise intégrale et d'office de leur contribution personnelle-mobilière, due pour les années 1914 à 1919 inclus sera accordée, si leur revenu net total annuel, déductions faites pour situation et charges de famille au titre de l'impôt global sur le revenu, ne dépasse pas cinq mille francs :

1° A tous les mobilisés pour chaque année au cours de laquelle ils auront été présents sous les drapeaux ;

2° Aux militaires des armées de terre et de mer renvoyés dans leur foyer par suite d'infirmités résultant de la guerre, ainsi qu'aux veuves, orphelins et ascendants directs des militaires qui sont morts pour la France.

Le droit à remise de ladite contribution est réglé pour les années 1914 à 1915, d'après le revenu de l'année 1915 ; pour chacune des années 1916 à 1919, d'après le revenu de l'année précédente.

Contribution des patentes

Ceux des contribuables qui auront cessé l'exercice de leur profession au cours de l'une des années 1914 à 1919 inclus par suite des circonstances provenant de l'état de guerre, obtiendront remise de la contribution des patentes à partir du mois suivant celui de la cessation

Ceux dont les établissements ont continué d'être exploités en leur absence, mais qui justifieront d'une diminution notable du montant annuel de leurs bénéfices comparativement aux bénéfices d'avant guerre, obtiendront sur leur demande, une remise correspondante des droits de patente à leur charge.

Comment obtenir le dégrèvement

Pour obtenir le dégrèvement de leurs impositions, les intéressés devront adresser une demande à l'administration des contributions directes et produire à l'appui :

1° L'une des pièces suivantes : avertissements, extraits de rôle, sommations ou quittances concernant les cotes pour lesquelles ils ont droit au dégrèvement ;

2° Un extrait, certifié conforme par le maire de la commune où ils sont domiciliés, de leur livret militaire indiquant les périodes pendant lesquelles ils ont été présents sous les drapeaux — ou bien un extrait, également certifié par le maire de leur titre de réforme ou de leur livret indiquant leur renvoi au foyer pour blessures de guerre, ou enfin un extrait de l'acte de décès du mobilisé « mort pour la France ».

Avant l'expiration d'un délai de trois mois, après la date de la cessation des hostilités, aucune sommation ne pourra être faite ni aucune poursuite exercée par l'administration pour obtenir paiement de la contribution personnelle-mobilière contre les militaires et personnes susceptibles de la remise de tout ou partie de leurs contributions.

Passé ce délai, le recouvrement de la contribution personnelle mobilière ne pourra être poursuivi contre les mêmes personnes qu'autant qu'elles n'auront pas remis à l'administration des contributions directes l'une des pièces visées ci-dessus.

Si l'administration constatait ultérieurement qu'un contribuable n'avait pas droit en raison de l'importance de son revenu, au bénéfice du dégrèvement, ce contribuable serait tenu de verser au Trésor le montant des contributions dont remise lui aurait été faite en application des dispositions qui précèdent.

La Reprise du Travail

1° Si vous étiez employé dans une administration ou dans une entreprise publique ou privée, et si vous êtes demeuré apte à votre emploi, votre patron est tenu de vous reprendre à des conditions qui ne peuvent être inférieures à celles qui vous étaient faites. Pour rentrer chez lui, vous devez lui en adresser la demande, par lettre recommandée, dans un délai de quinze jours à dater, soit de votre libération, soit de la remise en marche de l'entreprise.

Si tous les ouvriers démobilisés appartenant à l'entreprise ne peuvent y rentrer simultanément, leur retour s'opère progressivement par ordre d'ancienneté, et, dans l'ancienneté, par ordre de charges de famille.

Si votre patron s'est trouvé obligé d'engager un nouvel employé pendant votre absence, il ne peut invoquer ce motif pour se refuser à vous reprendre.

Si votre patron prétend qu'il lui est impossible de vous reprendre à nouveau, c'est lui qui devra faire la preuve de cette impossibilité et, s'il ne peut la faire, il sera tenu envers vous à des dommages-intérêts.

Ainsi en a décidé la loi du 22 novembre 1918.

2° Si vous n'aviez pas d'emploi à la mobilisation ou si vous préférez ne pas reprendre l'emploi que vous aviez, la liste et les adresses des Offices de placements gratuits, institués dans tous les départements, vous sont remis par le dépôt démobilisateur.

Le concours des pouvoirs publics

Les allocations et majorations sont maintenues à votre famille pendant une période de 6 mois à compter de votre démobilisation.

Elles sont réglées suivant un taux dégressif ainsi fixé :

Si votre famille touchait 1 fr. 50 au titre des allocations principales de la première série, elle recevra cette même somme pendant les 1er et 2e mois ;

1 franc pendant les 3e et 4e mois ;

0 fr. 50 pendant les 5e et 6e mois.

Si elle touchait 1 fr. 75 au titre des allocations principales de la deuxième série, elle recevra cette même somme pendant les 1er et et 2e mois ;

1 fr. 25 pendant les 3e et 4e mois ;

0 fr. 75 pendant les 5e et 6e mois.

Si elle touchait 1 fr., 1 fr. 25 ou 1 fr. 50 au titre des majorations pour enfants, elle recevra cette même somme pendant les 1er et 2e mois et touchera respectivement ;

0 fr. 75 et 1 franc pendant les 3e et 4e mois, et 0 fr. 50 pendant les 5e et 6e mois.

Elle touchera enfin les allocations additionnelles aux taux habituels de :

0 fr. 75 pendant les 1er et 2e mois ;

0 fr. 50 pendant les 3e et 4e mois ;

0 fr. 25 pendant les 5e et 6e mois.

Vous pouvez cumuler les allocations, dont il vient d'être question, avec l'INDEMNITÉ DE CHOMAGE attribuée au chef de ménage.

Vous devez adresser votre demande, s'il y a lieu, à la Mairie de votre domicile, avec justifications à l'appui.

Vous toucherez comme chef de ménage, 2 fr. 25, et vous pourrez obtenir, en plus, pour votre femme 1 franc, pour chacun de vos enfants, âgés de moins de 16 ans, sans travail, ou gagnant moins de 1 franc par jour et 0 fr. 75 pour votre père et votre mère, sans travail, et à votre charge.

Vous ne pourrez toutefois obtenir un secours quotidien total supérieur à 6 francs.

www.ingramcontent.com/pod-product-compliance
Ingram Content Group UK Ltd.
Pitfield, Milton Keynes, MK11 3LW, UK
UKHW022151260726
13993UKWH00005B/2293